GELDWIRTSCHAFT

NEUN KAPITEL ÜBER GELD,
KREDIT UND WÄHRUNG

VON

WALTER HUPPERT

MÜNCHEN UND LEIPZIG / 1934
VERLAG VON DUNCKER & HUMBLOT

Alle Rechte vorbehalten

Pierersche Hofbuchdruckerei Stephan Geibel & Co., Altenburg, Thür.

Inhaltsübersicht

		Seite
I.	Unsere Wirtschaftsverfassung	5
II.	Der Begriff des Geldes	6
III.	Zahlungsvorgänge	8
IV.	Geldentstehung	9
V.	Geld und Forderung	13
VI.	Das Geld als Marktfaktor	15
VII.	Der Geldwert	17
VIII.	Die Störungen im Kreislauf der Güter	23
IX.	Währungspolitik	28

I. Unsere Wirtschaftsverfassung

1. Unsere Technik drängt zur industriellen Massenproduktion. Das bedeutet:

a) Die Produktion erfolgt maschinell.

b) Die Produktion erfolgt arbeitsteilig.

Um eine möglichst weitgehende Verwendungsmöglichkeit für Maschinen zu schaffen, werden die Arbeitsvorgänge möglichst weitgehend zerlegt.

2. Die Maschinisierung begünstigt die Entwicklung von Großbetrieben, d. h. die Vermehrung und Zusammenballung der realen Produktionsmittel. Es entsteht eine starke Sachbindung, Ortsbindung und Zweckbindung des Realkapitals.

Andererseits erfordert die arbeitsteilige Produktion einen weitgehenden Ausbau des Verkehrs- und Handelswesens, um Produktion und Konsum zusammenzubringen. Maschinisierung und Arbeitsteilung führen also zu einem entsprechenden Ausbau des Tauschverkehrs.

3. Der Tauschverkehr kann sich nicht in der Form des Direkttausches abspielen, da der einzelne Mensch keine selbständigen Produkte mehr herstellt und auch Produktion und Konsum zu vielgestaltig geworden sind. Deshalb müssen die Produzenten, welche in einer spezialisierten Arbeitsfunktion tätig sind, ein von ihrem Arbeitsprodukt unabhängiges Entgelt erhalten, das ihnen

erlaubt, ihre vielgestaltigen Lebensbedürfnisse an beliebigen Stellen zu decken. Diese Eigenschaft eines überall geltenden Tauschgegenstandes hat das Geld; es ist also dasjenige Gut, das Produktionsentgelt sein kann, ohne selbst Produkt zu sein. Mithin wird das Problem der Überbrückung der Verschiedenartigkeit von Leistung und Bedarf in der Person eines wirtschaftenden Menschen durch die Umwandlung seiner produktiven Leistung in Geld und dessen abermalige Umwandlung in Bedarfsgüter gelöst.

4. Die Fragen der Produktion werden von der Technik gelöst. Die Maschinisierung ergibt nahezu unbegrenzte Produktionsmöglichkeiten. Deshalb gibt es heute eigentlich kein Produktionsproblem und keinen Gütermangel. Das eigentliche Problem unserer Wirtschaftsverfassung ist dagegen ein Problem der Verteilung, also der Organisation. Da das Geld das Verteilungsinstrument ist, ist die Frage der Geldorganisation das erste und wichtigste Problem der gesamtwirtschaftlichen Verfassung.

II. Der Begriff des Geldes

1. Aus der Tauschmittelfunktion des Geldes folgt: Geld ist, was, ohne selbst Ware zu sein, den Austausch von Waren vermittelt, deren Produzenten in keiner direkten, wechselseitigen Tauschbeziehung zueinander stehen. — (Das ist ein rein funktioneller, kein substantieller Geldbegriff.)

Ein Tauschakt unter Verwendung von Geld vollzieht sich so, daß eine Ware hingegeben wird und dafür als Gegenleistung eine Geldforderung entsteht. Diese Geldforderung muß durch Zahlung beglichen werden. Geschieht das, so ist der Tauschakt erledigt. Mithin ist der Zahlungsvorgang das Kriterium dafür, daß Geld verwendet wird. Anders ausgedrückt: Wo ein Zahlungsvorgang ist, da ist Geld. Infolgedessen muß man das Geld an den Zahlungsvorgängen, nicht an den Zahlungsmitteln feststellen.

2. Wenn der Warentausch seinen Weg über das Geld nehmen muß, so muß das Geld zum Wertmesser aller Waren werden. Diese Funktion kommt dem Gelde auch tatsächlich zu. Sie ist aber keine selbständige Funktion neben der Tauschmittelfunktion, sondern die Begleiterscheinung und Bedingung des Tauschprozesses, welcher sich des Geldes bedient.

Die Benutzung des Geldes als Tauschmittel erfordert einen konkreten Zahlungsvorgang; das Geld muß umsatzmäßig in Erscheinung treten. Als Wertmesser dagegen läßt sich das Geld abstrakt verwenden. Das berechtigt aber nicht, von zwei verschiedenen Formen des Geldes zu sprechen. Das abstrakte Geld, also das Rechnen in Geld, baut doch nur auf einem gedachten Tauschprozeß unter Verwendung des Geldes auf. Es wird also unterstellt, es würden Umsätze mittels des Geldes gemacht. Diese Unterstellung muß natürlich die tatsächlich bestehenden Marktverhältnisse zugrunde legen, wenn das Rechnen in Geld einen Wert haben soll. Daraus ergibt sich: Das Geld als Wertmesser ist nichts wesentlich anderes als das Geld als Tauschmittel. Gebraucht man das Geld als Wertmesser, so geht man von möglichen Tauschprozessen aus; gebraucht man das Geld als Tauschmittel, so vollziehen sich tatsächliche Zahlungsvorgänge.

3. Da das Geld nur Hilfsmittel des Tausches ist, hat es grundsätzlich auch keine selbständige Bedeutung und keinen Eigenwert,

denn im Endergebnis werden doch nur Waren gegen Waren getauscht. Das Geld bildet nur das Mittel, Geldbesitz also das Durchgangsstadium dieses Tausches der Sachgüter. Demnach spiegelt das Geld nur den Wert der Waren wider, die sich dafür kaufen lassen.

III. Zahlungsvorgänge

Die Zahlungsvorgänge sind:

1. Barzahlung.

Die Zahlungsforderung aus einem Tauschgeschäft kann sogleich bei Abschluß des Geschäftes mit Bargeld (Banknoten, Scheidemünzen, Goldmünzen) bezahlt werden. Die Forderung kann aber auch zunächst gestundet und später in bar bezahlt werden. An der Natur des Zahlungsvorganges ändert eine Stundung nichts.

2. Zahlung durch Forderungsabtretung.

Die Bezahlung einer Geldforderung kann durch Abtretung einer anderen Forderung erfolgen (z. B. Zahlung durch Scheck, durch girierten Wechsel, durch Giroüberweisung). Die Forderung, mit der gezahlt wird, muß von ihrem Schuldner auf Verlangen in Bargeld eingelöst werden. Eine solche Einlösung berührt aber nur das Schuldverhältnis, aus dem die Forderung entstanden ist, dagegen nicht den bargeldlosen Charakter der Zahlungsvorgänge, welche in der Abtretung der Forderung (zwischen Entstehung und Einlösung) liegen.

3. Zahlung durch Verrechnung.

Zahlungsforderungen können dadurch beglichen werden, daß sie mit Gegenforderungen verrechnet werden (z. B.: Aufrechnung zwischen zwei Parteien mit gegenseitigen Forderungen, Abrechnung zwischen mehreren Parteien mit wechselseitigen Forderungen [Clearing]). Durch die Verrechnung gehen die Forderungen unter, ohne daß eine Bareinlösung oder eine Zahlung durch Forderungsabtretung nötig wird.

4. Zahlung mit Sachwerten.
Die Geldforderung wird durch Hingabe von Sachwerten erledigt, für die ein Geldbetrag angesetzt wird (z. B. Zahlung mit Barrengold oder mit Wertpapieren; aber auch jedes der handelsüblichen „Gegengeschäfte"). Man kann auch die Ansicht vertreten, daß dies keine selbständige Art der Zahlung ist, sondern nur eine spezielle Form der Zahlung durch Verrechnung (Aufrechnung). Rechtlich mag dies der Fall sein, wirtschaftlich jedoch wird das Gegengeschäft eigens herbeigeführt, um eine Erledigung der Forderung (Zahlungsvorgang) herbeizuführen und entsteht eine Gegenforderung nur in Gestalt einer rechnerischen Fiktion.

IV. Geldentstehung

1. Bei sämtlichen vorgenannten Zahlungsvorgängen werden Geldforderungen beglichen. Die Zahlungsmittel (Bargeld, Forderungen, Gegenforderungen, Sachwerte) sind dadurch aber nicht absolut, ihrer Substanz nach, Geld, sondern sie werden und sind nur insoweit Geld, als sie zur Zahlung verwendet werden. Die Geldeigenschaft ist auf den Zahlungsvorgang beschränkt; sie ist nur eine relative Eigenschaft.

Für das Bargeld erkennt die Geldtheorie diese Auffassung an, indem die Bargeldmenge nicht an sich, sondern nur in Verbindung mit ihrer „Umlaufsgeschwindigkeit" als entscheidend angesehen wird. Man untersucht also nicht die Existenz von Zahlungsmitteln, sondern die Zahlungsakte. Noch weniger als für das Bargeld läßt sich für Forderungen bestreiten, daß sie in ihrer Entstehung und ihrem Bestehen noch nicht gleichbedeutend mit Geld sind. Sonst wäre ja auch eine Wirtschaft mit starken Schuldverflechtungen reicher als eine Wirtschaft, in der die gesamten Verbindlichkeiten möglichst niedrig gehalten sind.

2. Demnach entsteht Geld, wenn ein Zahlungsmittel geschaffen u n d zu einer Zahlung verwendet wird. Bezüglich der Forderungen kann man deshalb sagen, daß die Begründung von Forderungen die Schaffung von möglichem (potentiellem) Geld bedeutet, nämlich die Möglichkeit, die Forderungen durch Verwendung zur Zahlung (mittels Abtretung) zu Geld werden zu lassen.

Praktisch kommen für Zahlungszwecke Geldforderungen aus Kreditgewährung in Betracht. Das sind Forderungen, deren Fälligkeit hinausgeschoben ist. Eine Geldforderung kann Gegenforderung für eine Sachleistung (Waren oder Dienste) oder für eine Geldleistung sein. Im ersteren Falle besteht Stundungskredit (z. B. Verkauf mit Kaufpreisstundung), im letzteren Falle Darlehnskredit (Geldhingabe auf Zeit). Zweck des Stundungskredits ist die Ermöglichung eines Sachwertumsatzes, der mangels verfügbarer Zahlungsmittel sonst im Augenblick unterbleiben müßte. Zweck des Darlehnskredits ist, Zahlungsmittel zur Verfügung zu stellen, die der Darlehnsnehmer gegenwärtig selbst nicht hat.

Beim Stundungskredit erfolgt gleichzeitig ein Umsatz von Sachwerten (Waren oder Diensten). Der Darlehnskredit steht in keinem notwendigen, unmittelbaren Zusammenhang mit einem

IV. Geldentstehung 11

Sachwertumsatz. Die Wahrscheinlichkeit spricht aber dafür, daß auch der Darlehnskredit zu einem Umsatz verwendet wird; denn die Kreditaufnahme erfolgt ja gerade deshalb, weil Anschaffungen beabsichtigt sind.

3. Der Darlehnskredit setzt den Besitz von Zahlungsmitteln beim Darlehnsgeber voraus. Er besteht also in der Weitergabe von Zahlungsmitteln. Der Stundungskredit benötigt keine Zahlungsmittel; er wird gerade deshalb vereinbart, weil Zahlungsmittel fehlen.

Eine bekannte Theorie behauptet, die Banken seien imstande, Darlehnskredit auch ohne eigenen Besitz von Zahlungsmitteln zu schaffen. Die Kreditgewährung soll dann mittels der Begründung von Forderungen der Bank gegen sich selbst erfolgen. Das ist aber nichts anderes als eine Abart des Stundungskredits: Der Kreditnehmer gewährt der Bank Stundung des Kreditbetrages und die Stundung wird aufgehoben, wenn der Kreditnehmer über den Betrag disponiert. Die Fähigkeit zu solcher „Kreditschöpfung" (damit ist die Kreditgewährung durch Zahlungsmittelschaffung ohne eigenen Bargeldbesitz gemeint) ist jedoch prinzipiell kein Privileg der Banken; sie steht vielmehr auch jedem anderen offen und folgt daraus, daß im Grunde jede Forderung Zahlungsfunktionen übernehmen kann.

Andererseits kann auch die echte Kreditgewährung der Banken, das ist die Kreditgewährung durch Weitergabe von Einlagen der Kreditoren, eine Zahlungsmittelvermehrung zur Folge haben. Einleger (Kreditoren) und Kreditnehmer (Debitoren) können nämlich beide über einen Zahlungsmittelbetrag verfügen, dem nur ein einmaliger Durchlauf einer fremden Zahlungsmittelmenge bei der Bank entspricht. Der Kreditnehmer disponiert durch Abhebung, Überweisung oder Trassierung über seinen Kreditbetrag und gleichzeitig verzichtet der Einleger nicht darauf, über sein Bankguthaben zu Zahlungszwecken zu verfügen. Der scheinbare Widerspruch löst sich, wenn man bedenkt, daß jede Zahlungsmittelübertragung in Gestalt des Darlehnskredits Forderungen entstehen läßt und dadurch eine potentielle Geldvermehrung eintritt.

4. Auch die Theorie der Diskontpolitik der Notenbanken bekommt ein verändertes Aussehen, wenn man die potentielle Geldqualität von Forderungen anerkennt. Die Wechseldiskontierung gegen Bargeld bedeutet dann nicht mehr eine absolute Geldvermehrung, sondern nur eine Umwandlung einer Geldform (Forderung) in eine andere (Bargeld). Nicht einmal eine nominelle Geldvermehrung, wie bei der Darlehnskreditgewährung, ist damit verbunden; denn die Notenbank gibt das Bargeld aus, das bei ihr geruht hat, also aus dem Verkehr gekommen war, und nimmt die Wechsel in ihr Depot, zieht sie also aus dem Verkehr. Es liegt also in der Diskontierung keine Geldschöpfung. Von Geldschöpfung kann man allenfalls bei dem Warenumsatzabschluß sprechen, der zur Wechselziehung führt, während die Diskontierung praktisch nur eine Verflüssigung der Forderung bedeutet. Eine weitere Verfolgung dieses Gedankens wird zu dem Ergebnis führen: Die Geldschöpfung liegt in der Tätigung eines Warenumsatzes; hierbei schafft sich der Verkehr das von ihm benötigte Geld selbst. Die Diskontpolitik der Notenbanken gewinnt aus der Warenwechselexistenz nur ein Anzeichen für die Umsatztätigkeit des Wirtschaftslebens und kann daraus entnehmen, in welchem

ungefähren Verhältnis die Gesamtwirtschaft auch Bargeld benötigt.

5. Es ergibt sich demnach: Grundsätzlich versorgt sich der Warenverkehr selbst mit Geld, indem er Umsätze gegen Stundungskredit tätigt. Den Banken und Notenbanken kommt mit der Darlehnskreditgewährung nur die sekundäre Aufgabe der personellen Verschiebung oder der Umwandlung vorhandener Zahlungsmittel zu.

V. Geld und Forderung

Das Verhältnis beider Begriffe zueinander bedarf noch einer weiteren Klarstellung, da hier die Quelle vieler Mißverständnisse der Geldtheorie liegt.

1. Charakter, Bedeutung und Wert des Geldes wird häufig damit erklärt, daß der Geldbesitzer einen Anspruch oder eine Forderung gegen die Allgemeinheit habe. Man erwerbe Geld als Erlös für die Veräußerung einer eigenen produktiven Leistung; deshalb habe Geld die Bedeutung einer anonymen Anweisung auf Warenbezug von der Allgemeinheit.

Trotz der Übereinstimmung im Ausgangspunkt (I, 3) erscheint die Konstruktion einer Forderung, deren Schuldner die „Allgemeinheit" sein soll, unhaltbar und auch überflüssig. Im Prinzip unterscheidet sich das Geld nicht von anderen Marktgütern. Man erwirbt es im Tausch mit einem einzelnen Tauschpartner und kann es auch nur auf dem gleichen Wege wieder verwerten. Allerdings gibt das Geld die nahezu unbegrenzte Möglichkeit, sich auszuwählen, was, wann und wie man kaufen will, während sich für eine bestimmte Ware nur ein begrenzter Interessentenkreis zu begrenzten Bedingungen finden läßt. Diese größere Marktgängigkeit des Geldes bedeutet aber nur einen Gradunterschied gegenüber anderen Marktwaren; sie kann nicht dazu führen, den Wesensunterschied zu machen, von einer Forderung gegen die Allgemeinheit zu sprechen.

2. Häufig werden Geld und Forderung als nebengeordnete Begriffe aufgefaßt, die sich gegenseitig ausschließen, von denen aber der letztere sich aus dem ersteren ableiten soll. Hierbei wird unterstellt, daß nur die Bargeldzahlung eine „wirkliche", „echte" und „definitive" Zahlung sei, also auch nur das Bargeld vollen Geldcharakter habe. Die nicht abzuleugnende Möglichkeit, durch Forderungsabtretung zu zahlen, wird damit zu erklären versucht, daß jede Geldforderung auf Leistung von Bargeld laute und ihr der Rang des Geldes nur dann zukomme, wenn sie unbedingt und unzweifelhaft in Bargeld umgewandelt werden könne. Dementsprechend wird die Zahlungsleistung durch Forderungsabtretung nur als vorläufige, ersatzweise Zahlung angesehen und eine definitive, echte Zahlung erst dann angenommen, wenn die Forderung in bar eingelöst ist.

Hier scheint wiederum fälschlich ein Qualitätsunterschied zu einem Wesensunterschied erhoben zu werden. Die Bargeldzahlung mag wohl als die sicherste oder marktgängigste Form der Zahlung angesehen werden. Dies ändert aber nichts daran, daß eine bargeldlose Zahlung, wenn sie angenommen wird, doch den Zahlungseffekt hat. Die Geldeigenschaft einer Forderung, mit der gezahlt wird, läßt sich also nicht abstreiten, auch wenn die Forderung im Vergleich zu Bargeld unterwertig sein sollte. Wird die Forderung nicht in Bargeld eingelöst, so wird dadurch doch nur der Zahlungseffekt des ursprünglichen Gläubigers beeinträchtigt, während die zwischenzeitlichen Zahlungsvorgänge nicht mehr berührt werden. So können zum Beispiel mit Guthaben bei einer Bank große Umsätze mit vollem Zahlungseffekt auch dann noch getätigt werden, wenn die Bank unbekannterweise in Wirklichkeit längst insolvent war. Tatsächlich werden die allermeisten Forderungen, mit denen gezahlt wird, niemals auf die Probe gestellt, ihre Vollwertigkeit durch Bargeldeinlösung beweisen zu müssen.

3. Das Verhältnis von Geld und Forderung ist mithin folgendes: Weder ist Geld eine Forderung, noch ist jede Forderung Geld, noch ist eine Forderung Ersatzgeld. Eine Forderung ist Geld, wenn durch Abtretung an einen Dritten mit ihr gezahlt wird. Die Begründung von Forderungen bedeutet die Schaffung möglichen (potentiellen) Geldes. Die Forderung als Geld ist nur eine der Formen des Geldes.

VI. Das Geld als Marktfaktor

1. Nach dem funktionellen Geldbegriff (II, 1 und 3) hat das Geld im Tauschprozeß der Waren nur die Rolle eines Zwischenträgers; es ist lediglich Vermittler und Durchgangsstadium des Warentausches. Betrachtet man jedoch das Zustandekommen eines bestimmten, einzelnen Warentauschgeschäftes, so entsteht zunächst ein anderer Eindruck: Es scheint dem Geld die gleiche Bedeutung zuzukommen wie der Ware, die dagegen getauscht wird. Angebot und Nachfrage des Geldes scheinen die Voraussetzungen und Bedingungen der Tauschvorgänge in gleicher Weise und in gleichem Maße zu gestalten wie Angebot und Nachfrage

der Waren. — Dementsprechend arbeitet auch die Geldlehre gewöhnlich mit Warenbegriffen wie „Geldmenge", „Geldangebot", „Geldbedarf" usw.

In Wirklichkeit jedoch ist das Geld kein gleichartiger und gleichbedeutender Gegenspieler der Waren im Marktprozeß, sondern es ist nur eine sekundäre Begleiterscheinung des Warentausches, welcher allein durch die Warenverhältnisse bestimmt wird.

2. Das Geld steht unter anderen Gesetzen von Angebot und Nachfrage als die Waren. Das Angebot an Geld ist durch die Einkommen begrenzt; das Angebot an Waren ist dank der technischen Möglichkeiten der industriellen Massenproduktion oberhalb der Gestehungskosten praktisch unbegrenzt. Umgekehrt ist die Nachfrage nach Geld unbegrenzt, die Nachfrage nach Waren durch die verfügbaren Geldmittel begrenzt.

Demnach hängt das Zustandekommen an Warenumsätzen lediglich von dem Besitz von Geld ab. Daraus ergibt sich aber keineswegs, daß doch die Geldverhältnisse und nicht die Warenverhältnisse für den Markt entscheidend seien. Geldbesitz ist vielmehr nur eine Folgeerscheinung eines warenmäßig bestimmten Marktvorganges. Jeder erhält soviel Geld aus Verkauf oder auf Kredit, wie er selbst Waren herstellt und gegen Bezahlung absetzt. Ob, wie und in welchem Umfang dieser Warenkreislauf funktioniert, ist eine Frage, die von den Produktionsverhältnissen und der gesamtwirtschaftlichen Struktur, also von Warenbedingungen, abhängt. Das Geld als Hilfsmittel der Warenumsätze steht dafür zur Verfügung, soweit die Voraussetzungen für die Umsätze im übrigen gegeben sind.

3. Auch Inflationserfahrungen können nicht die Annahme widerlegen, daß das Geld kein selbständiger Marktfaktor ist. Die Bargeldmenge an sich ist marktmäßig nie entscheidend. Ende 1923 gab es in Deutschland eine verschwindend geringe Bargeldmenge; andererseits wurde im Konjunkturabstieg seit 1929 die Bargeldmenge trotz gewaltig sinkender Umsätze und Preise nicht verringert. Beide Male war die Bargeldmenge ohne Einfluß auf die Marktentwicklung. Daraus ergibt sich, daß nicht ein bestimmter Geldvorrat den Markt gestaltet.

Eine selbständige Marktbedeutung erlangt das Geld nur, wenn es originär in die Hände von Personen kommt, die nicht in den Warenkreislauf als Konsumenten und Produzenten eingeschaltet sind. Dies ist der Fall, wenn der Staat sich der Notenpresse bemächtigt, um damit unproduktive Ausgaben zu finanzieren. Dadurch reißt der Staat einen Teil der Gesamtproduktion an sich, ohne gleichzeitig selbst eine produktive Leistung in den Tauschkreislauf einfließen zu lassen. Der Kreislauf wird also gestört, der Strom teilweise abgelenkt.

VII. Der Geldwert

1. Das wirtschaftliche Denken ist gewohnt, von körperlichen Gütern auszugehen (in Waren zu denken) und behandelt deshalb gern auch das Geld als körperliches Gut. Diese Vorstellungsweise kann an das Goldgeld anknüpfen, das auch ohne Betracht seiner Münzeigenschaft seinen Sachwert als Warenwert in sich trägt. Damit läßt sich das Geld scheinbar in die Reihe der Marktgüter einordnen, von denen es sich allenfalls durch seine unbegrenzte Marktgängigkeit abhebt, aber nicht im Wesen unterscheidet.

VII. Der Geldwert

In der praktischen Erfahrung wird diese Warengeldvorstellung schon allein durch die Währungsverfassungen widerlegt, die keine Golddeckung kennen. Das Fehlen der Golddeckung berührt den Wert und die Funktionsfähigkeit des Geldes in keiner Weise. Auch ist bekanntlich die Golddeckung selbst bei Goldwährungen wegen der Ungenügendheit der Goldmengen weitgehend eine Fiktion.

Bei einer „idealen" Goldwährung würde nach der Warenvorstellung des Geldes der Geldwert genau den marktmäßigen Preisänderungen des ungemünzten Goldes folgen müssen, ebenso die Geldmenge der Goldmenge. Da dies praktisch nicht der Fall ist, kann auch der Geldwert nicht auf einem Sachgutwert des Geldes beruhen.

2. Geht man von dem funktionellen Geldbegriff aus, nach dem das Geld nur der Vermittlung des Warentausches zu dienen hat, so besteht der Geldwert in dem Wert der Waren, die man für das Geld erhält bzw. die man hergeben muß, um dafür Geld zu erhalten. Das Geld hat also keinen eigenen Substanzwert, sondern nur einen von den Waren abgeleiteten Wert; es ist das wert, was man dafür kaufen kann (II, 3).

Infolge der Allgemeinheit und Kontinuität des marktmäßigen Tauschprozesses bildet sich ein System von Preisen. Der Niederschlag der gesammelten Erfahrungen über die Preise führt zu einer Art abstrakter Geldwertvorstellung. Hierdurch geht die direkte Bezugnahme auf bestimmte, konkrete Waren in etwa verloren. Dem Wesen nach ändert das aber nichts daran, daß es nur einen warenbezogenen und keinen selbständigen Geldwert gibt; denn auch eine abstrakte Geldwertvorstellung kann nur durch

VII. Der Geldwert

Tauschakte oder wenigstens Preisvergleiche (Tauschmöglichkeiten) mit bestimmten, konkreten Waren gebildet, geprüft und verwirklicht werden.

Die abstrakte Geldwertvorstellung ermöglicht es jedoch, das gesamte wirtschaftliche Denken auf den Nenner der Geldrechnung zu bringen. Es ist dies das Denken in Geld. Darüber darf man aber nicht vergessen, daß das Geld nur ein abgeleiteter Maßstab ist und das wirtschaftliche Leben entscheidend allein von den realen Produktions- und Marktverhältnissen bestimmt wird. Es gibt also kein reines Gelddenken, sondern nur ein Denken in Waren, das sich des rechnerischen Mittels des Gelddenkens bedienen darf.

3. Die falsche Vorstellung, das Geld habe einen von den Waren unabhängigen Eigenwert, hat dazu geführt, es als selbständigen Wertmesser den Waren gegenüberzustellen. Spricht man dagegen dem Geld diesen Eigenwert ab, so bleibt nur die Wertmessermöglichkeit, die sich unmittelbar aus der Tauschmittelfunktion des Geldes ergibt.

Zur Abrechnung der Tauschgeschäfte in Geld haben die Waren Preise, d. h. bestimmte Geldziffern je Wareneinheit. Deshalb können die Waren über die Preise in ihrem Werte gegeneinander gemessen werden. Die Preise zeigen also die relative Wertabstufung der Güter.

Untersucht man die Preise derselben Waren in einem späteren Zeitpunkt auf die eingetretenen Veränderungen hin, so kann man feststellen, ob sich das Wertverhältnis der Waren zueinander geändert hat.

Dagegen kann man aus einem absoluten Steigen oder Sinken einzelner Preise oder Preisgruppen nicht entnehmen, daß die Waren wertvoller oder geringwertiger geworden seien. Für das Geldsystem ist es ohne Bedeutung, ob die Preise mit mehr oder weniger Geldeinheiten angesetzt sind. Erheblich ist diese Frage, also die Frage absoluter Preisveränderungen, nur für längere Zeit offenstehende Geldforderungen, also für das Kreditwesen, und zwar deshalb, weil der Kredit mit nominellen Geldeinheiten, nicht mit Warenwerten — eventuell ausgedrückt in veränderlichen Geldziffern — rechnet.

4. Die Schwierigkeiten, welche hieraus entstehen, sind aber eine Folge der unzulänglichen Organisation des Kreditsystems. Das Prinzip der Nominalschulden beruht auf der unrichtigen Fiktion eines gleichbleibenden Geldwertes oder — wenn die Unselbständigkeit des Geldwertes zugegeben wird — gleichbleibender Preise. Zieht man dagegen die Preisschwankungen in Rechnung, so läßt sich der Nominalkredit nur unter bewußter Einschaltung des Risikos der Geldwertänderungen aufrechterhalten.

Der Kreditgeber hat den Schaden, wenn die Preise steigen, der Kreditnehmer, wenn sie fallen. Deshalb erscheint die Forderung nach Wertbeständigkeit des Geldes als eine Forderung der Gerechtigkeit des Kredits. Über den Kredit hinaus wünscht das Wirtschaftsleben Wertbeständigkeit des Geldes, weil auf der Voraussetzung gleichbleibenden Geldwertes jeder Abschluß über längere Zeit aufbaut. Man denke an langfristige Mietverträge, Pachtverträge, Lieferungsverträge oder Tarife.

Wertbeständigkeit des Geldes bedeutet praktisch, daß die Preise unverändert bleiben. Preisveränderungen sind jedoch nur der

VII. Der Geldwert 21

Ausdruck von Marktveränderungen, die durch Warenverhältnisse hervorgerufen sind. Eine Stabilisierung des Geldwertes verlangt also eine Verhinderung von preisändernden Markteinflüssen, mithin Planwirtschaft, oder aber eine Ausgleichung der Markteinflüsse durch entgegengesetzte Geldmaßnahmen. Letzterenfalls muß durch Geldverminderung eine Preissteigerung und durch Geldvermehrung ein Preisfall aufgewogen werden. Im Ergebnis würde das aber nur eine Marktverfälschung bedeuten. Die Aufgabe der Preise, durch ihre Veränderungen Marktveränderungen anzuzeigen und zur Anpassung daran anzuhalten, würde also unterbunden werden, und obendrein würde durch die selbständige Geldpolitik der Kreislauf der Waren gestört werden.

5. Schon wegen der wesensmäßigen Verkennung der Aufgaben des Geldes und der Preise ist also eine Geldpolitik, die Warenmarktpolitik sein will, verfehlt. Auf die Schwierigkeiten einer praktischen Durchführung derartiger Maßnahmen braucht deshalb nicht einmal näher eingegangen zu werden. Die Schwierigkeiten liegen bekanntlich in den Ungenügendheiten des Indexsystems sowie in der nur begrenzten und fehlgehenden Wirkung geldförmiger Marktpolitik.

In einem Gesamtpreisindex kommen nicht die unterschiedlichen Preisbewegungen der einzelnen Waren und Warengruppen zum Ausdruck. Die Einzelbewegungen sind teilweise sogar entgegengesetzt und kompensieren sich deshalb innerhalb des Gesamtindexes. Ein Preisindex ist überhaupt etwas Fiktives, eine rechnerische Ziffer. Die Wirklichkeit kennt keine Indexpreise und Indexbewegungen, sondern nur Einzelpreise bestimmter Waren. Aber selbst wenn man einmal annimmt, daß durch Indexrechnung in grober Form festgestellt werde, ob die Preise eine überwiegend steigende oder fallende Richtung haben, bleibt das Ergebnis der Versuche, durch reine Geldpolitik Bewegungen der Preise insgesamt auszuschalten oder auszugleichen, höchst problematisch. Man wird nämlich feststellen müssen, daß nicht die Preisgruppen, die sich verändert haben bzw. zu verändern drohten, auf den alten Stand zurückgeführt worden sind, sondern daß die Preise anderer Warengruppen in entgegengesetzter Richtung beeinflußt worden sind. Der scheinbare Preisstillstand, am Index gesehen, hat also in Wirklichkeit zwei Preisbewegungen zugelassen, von denen die erste marktmäßig begründet, die zweite künstlich, d. h. durch Geldpolitik, hervorgerufen ist. Der Index also ist gehalten, der Markt aber noch mehr verändert worden als ohne „Preisstabilisierung".

6. Die Forderung, zur Rettung des Kredits den Geldwert zu stabilisieren, läßt sich aber auch aus der Interessenlage heraus nicht rechtfertigen. Es wird damit eine Beseitigung der Schwankungen und Ungewißheiten verlangt, die auch sonst im Wirtschaftsleben unvermeidlich sind. Man muß fragen, ob der Kreditgläubiger als solcher besser gestellt sein soll, wie wenn er sein Vermögen nicht durch Geldausleihung, sondern durch Sachgüterinvestitionen angelegt hätte (z. B. durch Hauskauf). Im letzteren Falle würde der Gläubiger unvermeidlich von Marktveränderungen und Wertschwankungen betroffen werden. Dieses Risiko sieht man als selbstverständlich an. Warum soll dann gerade die Vermögensanlage in Darlehnskrediten den Vorzug unbedingter Wertbeständigkeit haben? Man kann diese Forderung nicht anders als aus dem Axiom erklären, Geld an sich habe die Aufgabe und biete

die Möglichkeit, auch unbedingtes Werterhaltungsmittel zu sein. Diese falsche Vorstellung rührt wieder aus dem Gedanken von der selbständigen Bedeutung des Geldes.

VIII. Die Störungen im Kreislauf der Güter

1. Der wirtschaftende Mensch ist Produzent und Konsument in einer Person. Er stellt Güter her und verbraucht Güter zu seinem Lebensunterhalt. Die hergestellten und die verbrauchten Güter sind in der Tauschwirtschaft nicht die gleichen, sondern der einzelne Mensch muß sich die zum Verbrauch benötigten Güter durch Verkauf seiner eigenen erzeugten Güter verschaffen. Dieser Prozeß geht durch Vermittlung des Geldes vor sich. Das Geld ist das Zwischenstadium dieses Tausches. Im Endergebnis werden also Waren mit Waren bezahlt. Da die Preise der Ausdruck des Wertes der einzelnen Güter sind, erhält jeder soviel für seine Leistung bzw. kann er dafür wieder soviel kaufen, wie seine Leistung wert ist.

Infolgedessen scheint trotz des nur mittelbaren Austausches der Waren gegeneinander ein Kreislauf der Güter gewährleistet zu sein. Wenn trotzdem erfahrungsgemäß Störungen des Kreislaufs eintreten, so liegt das nicht am Geld, sondern am Kredit. Dieser ermöglicht einen Verbrauch ohne produktive Leistung des Verbrauchers.

2. In der arbeitsteiligen Tauschwirtschaft hängt der Wert eines Gutes nicht von seiner Verwertungsmöglichkeit für den Produzenten ab — an Selbstverbrauch ist von vornherein nicht gedacht —, sondern davon, ob das Gut verkauft werden kann und

wieviel Geld es dabei einbringt. Dementsprechend ist produktiv, was verkauft werden kann und mehr als die Gestehungskosten einbringt; konsumtiv ist, was nicht zum Verkauf bestimmt ist oder gelangt. Konsumtiv ist also sowohl die zu Konsumzwecken erworbene Ware als auch die zum Verkauf bestimmte, tatsächlich aber nicht absetzbare Ware (Fehlproduktion). Auch Produktionsgüter sind an sich konsumtiv, da sie selbst nicht weiterverkauft werden; nur mittelbar, mit ihren Erzeugnissen, sollen sie produktiv werden (reproduktiv).

Alle Produktion ist letzthin für den Konsum bestimmt, wird also konsumtiv. Zur Erhaltung des Tauschkreislaufes muß aber stets soviel in den Tauschprozeß wieder einfließen (Produktion), wie auf der anderen Seite aus ihm ausscheidet (Konsum), d. h., es muß soviel verkauft werden, wie gekauft wird.

Wer Geld hat, beweist damit noch nicht eine eigene produktive Leistung. Das Geld kann auch geliehen sein (Darlehnskredit). Ebenso kann man etwas gegen Stundungskredit erwerben. Kredit ermöglicht die Beteiligung am Konsum gegen das bloße Versprechen, die eigene produktive Leistung später nachzuholen und aus dem erlösten Geld den Kredit zu bezahlen. Bleibt der versprochene Erfolg aus, so ergibt sich eine Störung der Übereinstimmung von Konsum und Produktion: Es ist mehr verzehrt als produziert worden. Die Gesamtproduktion, d. h. die abgesetzte Erzeugung, ist also kleiner geworden.

Die umgekehrte Entwicklung, also ein Produktionszuwachs, tritt erst ein, wenn der Gesamtabsatz größer wird als der Gesamtkonsum. Voraussetzung hierfür ist ein Preisrückgang, der es erlaubt, größere Warenmengen als bisher zu gleichen Geldumsätzen

VIII. Die Störungen im Kreislauf der Güter

in den Tauschprozeß einzuführen; oder es muß eine Verringerung des Konsums durch Sparsamkeit im Verbrauch oder endgültige Abwicklung oder Abschreibung der Fehlproduktion eintreten. Das letzte bedeutet Kreditrückzahlung oder Gläubigerverzicht.

3. Kredit kann nur dann zurückgezahlt werden, wenn der Kreditnehmer eine produktive Verwendung des Kredits betrieben hat. Die Investition der Kreditmittel muß Produkte ergeben, deren Verkaufserlös der Kreditrückzahlung dienen kann. Das Risiko, ob, wann und zu welchem Preis die Produkte abgesetzt werden, trägt allein der Kreditnehmer. Es kommt hinzu, daß er für den Kredit Zinsen zahlen muß. Mithin vereinigen sich bei ihm folgende Risiken:

a) das Risiko des Gelingens des Herstellungsprozesses,
b) das Risiko der Preissteigerung (siehe VII, 3 und 4),
c) das Risiko der Absetzung des Produktes,
d) das Risiko der Mehrwertschaffung zur Bezahlung von Zinsen.

Durch diese gehäuften Risiken wird dem Kreditnehmer die Kreditrückzahlung sehr leicht unmöglich. Dann folgt daraus: Der Kreditnehmer hat das geliehene Geld konsumtiv verwandt.

Die Risiken wachsen an Bedeutung, je größer der technische Produktionsapparat wird, je spezialisierter die Arbeitsfunktion des einzelnen, je weiter der Kreis der in Produktion und Konsum tauschwirtschaftlich miteinander verbundenen Menschen. Die kapitalistische, arbeitsteilige Massenproduktion scheint sogar eine Tendenz zur Überanhäufung von Realkapital in sich zu bergen. Das Realkapital wird über die tatsächlich vorhandenen Absatzmöglichkeiten, welche sich letzthin nur aus dem Endkonsum bestimmen, hinausgesteigert. Überversorgung des Produktionsapparates und Unterversorgung des echten Konsums führen also im Ergebnis zu einer Fehlproduktion und mithin zu einem Überkonsum.

4. Es läßt sich nicht bestreiten, daß der Kredit im Prinzip umsatzfördernd wirkt. Durch Kreditgewährung werden Warenumsätze ermöglicht, die sonst unterbleiben müßten. Der Kreditgeber hat gespart, weil er keine Ausgaben machen will, der Kreditnehmer braucht den Kredit, um Anschaffungen zu machen. Die Verwendung des Kredits bedeutet also vermehrten Warenumsatz. Ein zweites Mal fördert der Kredit den Warenumsatz, wenn er zurückgezahlt werden soll. Er nötigt dann den Kreditschuldner zu einer Warenveräußerung, welche die Geldmittel zur Rückzahlung des Kredits bringen soll. Die Zahlungsfälligkeiten der Gesamtheit der Kreditschuldner können aber so drängend werden, daß dadurch der ganze Warenmarkt unter Druck gerät und infolgedessen der Kredit marktzerstörend statt marktfördernd wirkt.

Den Drang, zu verkaufen, hat an sich auch jeder andere Produzent. Wenn ihn aber keine Kreditfälligkeiten drücken, wird er von einem Verkauf absehen, falls ein gewinnbringender Absatz nicht möglich ist. Der Kreditnehmer dagegen muß unter dem Zwang, den Kredit zurückzuzahlen, auch mit Verlust verkaufen. Seine Preisunterbietungen ruinieren den Markt. Gelingt ihm ein Verkauf der Produkte aus der Kreditverwendung nicht, so muß er auch seine sonstigen Vermögenswerte abzustoßen suchen; oder der Kreditgeber sucht sich aus ihnen direkt zu befriedigen, sei es, weil sie ihm verpfändet worden sind, oder sei es, weil er in sie vollstrecken kann. Zu den Preisunterbietungen tritt also ein

VIII. Die Störungen im Kreislauf der Güter

mengenmäßiges Überangebot. Das verstärkt den Preisfall. Die gesunkenen Preise wiederum zwingen den Kreditschuldner zu unverhältnismäßig umfangreichen Verkäufen, um die zur Rückzahlung benötigten Geldbeträge aufzubringen.

Ein weiterer Zwang sind für den Kreditschuldner die Zinsen. Der Zins läßt sich wirtschaftlich nur rechtfertigen, wenn besondere Produktionsverbesserungen mit entsprechenden Markterfolgen den Kreditnehmern einen Sondergewinn bringen. Derartige Sondergewinne sind aber schon vollauf dafür nötig, um die vielfachen Risiken, die der Kreditnehmer zu tragen hat, auszugleichen. Die Verlustchance muß doch durch eine Gewinnchance aufgewogen werden. Der Kreditgeber, der Zinsen verlangt, nimmt aber von vornherein einen als möglich unterstellten Sondergewinn in Gestalt eines festen Kapitalaufschlages für sich in Anspruch. Das führt im allgemeinen dann zu keinem direkten Verhängnis, wenn die wirtschaftliche Entwicklung insgesamt aufwärtsgeht, also auch überwiegend Gewinne abwirft. Bei wirtschaftlichem Stillstand oder Rückgang dagegen kann der Zins nicht aufgebracht werden, es sei denn allenfalls auf Kosten des Erlöses für den eigenen Arbeitsanteil oder durch Veräußerung sonstiger Vermögenswerte. Da aber Zinsen in jedem Falle vereinbart werden, muß der Schuldner sie auch ohne Rücksicht auf seinen Produktionserfolg aufzubringen suchen. Seine Versuche hierzu wirken sich in gleicher Weise marktzerstörend aus wie die Kapitalfälligkeiten.

Die Last der Schulden und Zinsen kann so stark werden, daß es dem Schuldner nicht mehr gelingt, durch seine Arbeit oder durch Vermögensabstoßung genügend Geldmittel aufzubringen, um die

Schuldverpflichtungen zu verkleinern. Dann bleibt nichts anderes übrig als ein Gläubigerverzicht, sei es ein individueller (Konkurs, Vergleich, ergebnislose Vollstreckung, Erlaß) oder ein allgemeiner (Schuldenabwertung). Ehe dies aber eintritt, pflegt der Warenmarkt schon ruiniert zu sein.

Das Kreditwesen bleibt also die eigentliche Gefahr für das Funktionieren des Tauschkreislaufes. Das Prinzip des Nominalkredits ist nun aber gerade eine unzulässige Ausdehnung des Geldgedankens. Die Fehler des Kredits besagen also nichts gegen das Geldsystem, das nur seiner Tauschmittelfunktion dienen kann und soll. Man muß demnach allenfalls das Kreditwesen reformieren, nicht das Geldwesen und auch keinesfalls ersteres mittels des letzteren.

IX. Währungspolitik

1. Für den internationalen Wirtschaftsverkehr sind feste Währungsrelationen (Umrechnungsparitäten) unentbehrlich. Wenn zu den sonstigen Schwierigkeiten und Ungewißheiten der Auslandsgeschäfte auch noch unberechenbare Währungsschwankungen treten, so wird das Geschäftsrisiko zumeist praktisch unüberwindlich; es muß dann auf Abschlüsse verzichtet werden.

Das gegenseitige Wertverhältnis der Währungen gestaltet sich nicht ohne weiteres aus der Marktlage, sondern es ist eine aktive Währungspolitik erforderlich, um die valutarischen Kurse stabil zu halten. Theoretisch könnte man annehmen, das Wertverhältnis verschiedener Währungen müsse sich aus den Preisen der gleichen Waren in den verschiedenen Ländern ermitteln lassen und ändere sich stets entsprechend den Preisverschiebungen; auf diesem Wege

IX. Währungspolitik

müsse sich schließlich sogar eine bestehende Valutenparität aufrechterhalten lassen, da bei Preisverschiebungen Käufe im billiger gewordenen Ausland vorgenommen werden würden, bis das ursprüngliche Preisverhältnis wieder hergestellt sei. Praktisch aber funktioniert dieser Mechanismus heute bekanntlich nicht.

Voraussetzung für eine selbsttätige Währungsregulierung wäre nämlich eine ungehinderte Freizügigkeit des internationalen Handels- und Zahlungsverkehrs. Zölle, gesetzliche und handelsvertragliche Erschwerungen, Devisenbewirtschaftung, Frachten usw. lähmen heute diesen Verkehr. Auch ist der Anteil der Auslandsgeschäfte am Gesamtgeschäft eines Landes heute so gering, daß entscheidende Preisbeeinflussungen im Inland durch das Einfuhr- oder Ausfuhrgeschäft sich nicht durchsetzen können.

2. Es kann also nicht mit Gewißheit erwartet werden, daß Salden in den Zahlungsbilanzen einzelner Länder durch Warenumsätze abgedeckt werden; denn ein Passivsaldo in der Zahlungsbilanz erweckt nicht genügend Anregungsmomente zum Abschluß einzelner privater Ausfuhrgeschäfte, welche den Saldoausgleich herstellen könnten. Eine zentrale (staatliche) Regulierung des Saldos aber würde allseitige Außenhandels- und Devisenabrechnungsmonopole voraussetzen.

Deshalb ist von jeher das Gold zu der internationalen Ware bestimmt worden, welche unausgeglichene Zahlungsbilanzen zur Erledigung bringen soll. Durch die gesetzliche Festlegung bestimmter Goldeinlösungskurse wird die Gewähr gegeben, daß unausgeglichene Zahlungsbilanzen nicht zu einer Höherbewertung oder Minderbewertung der Währungen, also zu einer Erschütterung der bestehenden Währungsparitäten führen, wie es der Fall wäre, wenn Angebot und Nachfrage valutarischer Zahlungsmittel sich weder unmittelbar noch durch Hervorrufung entsprechender Warenbewegungen ausglichen.

3. Eine Goldwährung ist aber nur zur Sicherung des intervalutarischen Zahlungsverkehrs, nicht zur Sicherung der inländischen Geldversorgung erforderlich. Deshalb ist eine Goldeinlösungspflicht im Inland zu vermeiden und ebenso die Anschließung der Bargeldmenge an die vorhandene Goldmenge (Deckungsprinzip). Durch die inländische Einlösungspflicht entstehen nämlich nur unkontrollierbare Hortungen, oder aber, wenn das Einlösungsversprechen mangels genügender Goldmengen nicht eingehalten werden kann, Paniken. Durch das Deckungsprinzip werden Geldmenge und Geldwert von dem jeweilig stärkeren oder geringeren Angebot der Ware Gold zu Unrecht abhängig gemacht. Deshalb erfordert die Goldsicherung des internationalen Zahlungsverkehrs lediglich die Einlösungspflicht gegenüber ausländischen Notenbanken; andererseits aber auch zur Sicherung der Goldversorgung die Kontrolle der Goldproduzenten (Produktionsgenehmigungspflicht, Anbietungspflicht) und zur Sicherung vor überraschendem Goldzahlungsbedarf die Kontrolle der Auslandsausleihungen und Auslandsschulden (Mengen und Fälligkeiten) durch die Notenbanken.

4. Auch eine intervalutarische Goldwährung macht eine Beobachtung und Beeinflussung der Entwicklung der internationalen Markt- und Zahlungsbedingungen nicht überflüssig, weil mit Gold nur die Zahlungsspitzen ausgeglichen werden sollen und können. Zum Unterschied von der Währungspolitik im engeren Sinne, die Geldpolitik (Goldpolitik) ist, handelt es sich dabei um Währungs-

politik im weiteren Sinne, die man schlechthin mit Handelspolitik bezeichnen kann. Ihre ideale Aufgabe ist es, die Goldpolitik überflüssig zu machen, also zu ermöglichen, daß der gesamte Zahlungsverkehr durch echte Warenbewegungen abgewickelt wird. Damit würde auch im internationalen Zahlungsverkehr eine selbständige Geldpolitik entbehrlich werden.

Printed by Libri Plureos GmbH
in Hamburg, Germany